SUMÁRIO

A Arca de Noé............................6
Atravessando o Mar Vermelho....8
Davi e Golias 12
Daniel na Cova dos Leões.......14
A História do Natal 16
A Infância de Jesus.........20
Os Doze Discípulos 21
Alimentando os Cinco Mil......22
Domingo de Ramos............23
A História da Páscoa........24
A Oração do Pai Nosso 28

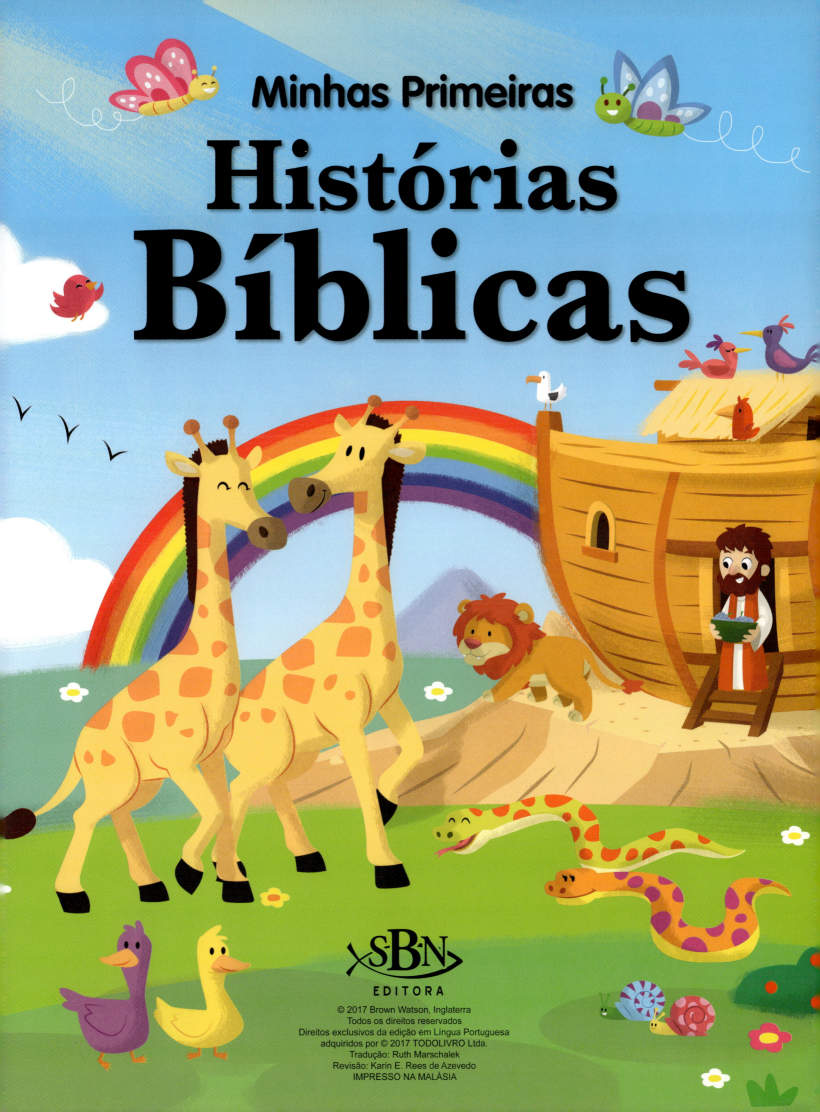

A Arca de Noé

Deus disse a Noé:
— As pessoas que criei são perversas, por isso eu vou inundar a terra. Construa um grande barco e viva dentro dele com sua família e um par de cada espécie de animal.

Choveu e choveu. O mundo ficou coberto de água, mas a arca de Noé flutuou. Após quarenta dias a chuva parou e a arca repousou em terra seca. Deus colocou um arco-íris no céu para mostrar que ele nunca mais inundaria o mundo.

Atravessando o Mar Vermelho

Os israelitas não tinham sua própria nação. Eles viviam no Egito, onde trabalhavam como escravos. Por fim, Deus fez os egípcios os libertarem e Moisés os liderou para sair do Egito em busca de uma nova terra.

Agora os egípcios tinham que fazer todo o trabalho sozinhos. Então, eles enviaram um exército para capturar os israelitas e trazê-los de volta.

Os israelitas estavam às margens do Mar Vermelho. O exército inimigo estava se aproximando. Deus disse a Moisés para agitar seu cajado sobre o mar. As águas se dividiram e um caminho seco apareceu.

Os israelitas passaram ao longo do caminho até a outra margem. Moisés agitou o braço novamente sobre o Mar Vermelho e as águas se fecharam afogando o exército egípcio.

Davi e Golias

Golias era um gigante e campeão do exército filisteu. Nenhum soldado israelita ousava lutar com ele. Davi era um corajoso pastor de ovelhas, que confiava em Deus. Ele lutaria com Golias.

Golias caiu na gargalhada, quando Davi colocou uma pedra em seu estilingue, mas a pedra acertou Golias entre os olhos e ele caiu morto no chão. O exército filisteu fugiu. Davi tinha conquistado uma grande vitória para os israelitas.

Daniel na Cova dos Leões

Daniel trabalhava fielmente para o Rei Dario na Babilônia.
Certo dia, uma lei foi aprovada: não seriam permitidas orações, a menos que fossem para o rei. No entanto, Daniel ainda orava para o Deus de Israel.

Como castigo, Daniel foi lançado na cova dos leões, mas Daniel passou a noite na cova e saiu ileso.
Ele disse ao Rei:
– Meu Deus impediu que os leões me devorassem!

A História do Natal

O anjo Gabriel disse a Maria que ela iria ter um bebê e que ele seria o Filho de Deus. Pouco antes de o bebê nascer, Maria e seu noivo José viajaram para Belém.

Não havia lugar na estalagem, então Maria e José tiveram que dormir em um estábulo. Naquela noite, Jesus nasceu e Maria o colocou em uma manjedoura.

Um anjo avisou aos pastores de ovelhas que Jesus havia nascido.
Eles foram a Belém e encontraram Jesus no estábulo.
Alguns magos do Oriente viram uma estrela brilhante.
Era o sinal de que um grande rei havia nascido.

Eles seguiram a estrela até que encontraram Jesus com Maria e José. Os Magos deram presentes para Jesus, sendo estes: ouro, incenso e mirra.

A Infância de Jesus

Quando Jesus tinha doze anos, ele foi com seus pais a Jerusalém para a Festa da Páscoa. Maria e José perderam Jesus nas multidões. Após vários dias, eles o encontraram no templo. Os mestres do templo ficaram maravilhados com o conhecimento dele.

Os Doze Discípulos

Quando Jesus era jovem, as multidões o seguiam para ouvi-lo ensinar sobre Deus. Eles o viram curar os doentes e fazer os cegos enxergarem. Jesus escolheu doze homens para serem seus seguidores especiais, chamados discípulos. Jesus deu a eles o poder para fazer bem às pessoas também.

Alimentando os Cinco Mil

Milhares de pessoas seguiam Jesus para o deserto. Quando anoiteceu, todos estavam com fome. Jesus disse aos seus discípulos para dar comida às pessoas, mas eles só tinham cinco pães e dois peixes. Jesus agradeceu a Deus pelo alimento e o compartilhou. Havia o suficiente para todos!

Domingo de Ramos

As multidões vibraram quando Jesus entrou montado em um jumento em Jerusalém. Puseram um tapete de ramos para ele passar. Algumas pessoas até puseram no chão seus mantos. Eles fizeram isso para mostrar que Jesus era uma pessoa especial.

A História da Páscoa

Jesus sabia que em breve seria preso, porque os sacerdotes e líderes principais de Jerusalém o odiavam. Então, Jesus convidou seus discípulos para compartilhar um jantar especial com ele.

Naquela noite, os soldados levaram Jesus como prisioneiro e, na sexta-feira, eles o pregaram em uma cruz. Antes de morrer, Jesus orou:
– Pai, por favor, perdoe-os!
Mais tarde, os amigos de Jesus levaram seu corpo e o colocaram em um sepulcro.
Eles rolaram uma rocha pesada para fechar a entrada.

No domingo, várias mulheres viram que a rocha havia sido removida. O corpo de Jesus não estava mais lá. Um anjo lhes disse:
– Não tenham medo. Jesus ressuscitou dos mortos.

Jesus encontrou seus discípulos e outros antes de ele retornar aos céus. Ele pediu que cressem nele, mesmo se não pudessem vê-lo. Desde então, as pessoas por todo o mundo têm acreditado que Jesus é o Filho de Deus.

A Oração do Pai Nosso

Pai nosso, que estás nos céus!
Santificado seja o teu nome.
Venha o teu Reino.
Seja feita a tua vontade,
assim na terra como no céu.
O pão nosso de cada dia dá-nos hoje.
E perdoa as nossas dívidas,
assim como nós perdoamos aos nossos devedores.
E não nos deixes cair em tentação,
mas livra-nos do mal.
Pois teu é o reino,
o poder e a glória
para sempre.
Amém.